Inhalt

Private Equity - Wohnkonzerne in den Fängen von "Heuschrecken"

Kernthesen

Beitrag

Fallbeispiele

Weiterführende Literatur

Impressum

Private Equity - Wohnkonzerne in den Fängen von "Heuschrecken"

Thomas Trares

Kernthesen

- In Deutschland befinden sich die großen Wohnungskonzerne in der Hand von Private-Equity-Firmen.
- Für diese hat sich ihr Engagement bislang nur teilweise gelohnt.
- Wegen fragwürdiger Geschäftspraktiken ist vor allem die Gagfah in Verruf geraten.
- Bei der GSW Immobilen haben die Investoren Goldman Sachs und Cerberus zuletzt Kasse gemacht.

Beitrag

Private Equity - die Grundidee

In den vergangenen zehn bis 15 Jahren ist die Bedeutung von Private Equitiy, also privatem Beteiligungskapital, deutlich gestiegen. Meist steigen Private-Equity-Firmen bei kleinen und mittleren, nicht börsennotierten Unternehmen ein. Ziel ist es, das Unternehmen fit zu machen und zu einem späteren Zeitpunkt mit Gewinn zu veräußern - oftmals mittels eines Börsengangs. Die Betriebe erhalten dafür frisches Kapital, das sie so weder an der Börse noch von Banken bekämen. Deswegen werden oft junge, aufstrebende Unternehmen mit Private Equity in Verbindung gebracht. Auch bei der Unternehmensnachfolge kann der Einsatz von privatem Beteiligungskapital sinnvoll sein. Oft sind die Manager bereit, das Unternehmen fortzuführen, besitzen dafür aber nicht genügend Eigenkapital. (1)

Private Equity - die Kritik

In den vergangenen Jahren sind Private-Equity-Firmen allerdings aufgrund fragwürdiger Geschäftspraktiken in Verruf geraten. Der frühere

Bundesarbeitsminister und SPD-Vorsitzende Franz Müntefering hatte sie gar als "Heuschrecken" bezeichnet. Der Grund: Oft sind sie bei rentablen mittelständischen Unternehmen eingestiegen, mit dem Ziel möglichst schnell Kasse zu machen. Dabei wurde den übernommenen Firmen der Kaufpreis als Schulden aufgeladen, das Unternehmen filetiert und die Belegschaft abgebaut. Zurück blieb oft ein hochverschuldetes Unternehmen mit geringen Zukunftsperspektiven. Beispiele sind der Armaturenhersteller Grohe und der Chemiekonzern Celanese, eine frühere Hoechst-Tochter. (5)

Private Equity in der Immobilienbranche

In Deutschland stecken hinter nahezu allen großen Wohnimmobilienkonzernen internationale Private-Equity-Firmen. Bei der Deutschen Annington ist es die britische Terra Firma, bei der Gagfah der US-Beteiligungsfonds Fortress und bei der GSW der US-Finanzinvestor Cerberus. Ferner ist die US-Investmentbank Goldman Sachs über ihre Immobiliengesellschaft Whitehall bei der Landesentwicklungsgesellschaft NRW (LEG) engagiert. Die internationalen Investoren begannen sich um die Jahrtausendwende herum für den deutschen Markt zu interessieren. Dieser galt als unterbewertet. Die Mieten waren niedrig, zudem wohnen in Deutschland so viele Menschen zur Miete wie in kaum einem anderen Land Europas. Es schien für die Beteiligungsfirmen also noch Potenziale zu geben - sowohl für Mieterhöhungen als auch für spätere Verkäufe an die Mieter. Angebot war auch ausreichend auf dem Markt. Unternehmen wollten ihre werkseigenen Wohnungen losschlagen, um das darin gebundene Kapital freizusetzen. Und die Kommunen verkauften ihre Wohnungsgesellschaften, um ihre Haushalte zu entlasten. (2), (4)

Private Equity überschätzt Potenziale

Das Kalkül der Finanzinvestoren ging aber in vielen Fällen nicht auf. Einige hatten das Potenzial für Mieterhöhungen und Direktprivatisierungen zu optimistisch eingeschätzt. Die gewohnten Renditen von bis zu 25 Prozent auf das eingesetzte Eigenkapital waren nicht zu erreichen. Viele Experten halten auf dem deutschen Markt schon Renditeziele um die fünf Prozent für ehrgeizig. Folglich begannen die Private-Equity-Firmen bei der Instandhaltung zu sparen. Hausmeister wurden abgeschafft, die Wartung von Wohnungen vor allem in schlechten Wohnlagen verringert oder ganz eingestellt. In guten Lagen wurden die Mieten hochgesetzt, Mieter zum Kauf der eigenen Wohnung gedrängt. (2), (4)

Trends

Ende der neunziger Jahre begannen sich die Private-Equity-Firmen für den deutschen Markt zu interessieren. Ab dem Jahr 2000 gab es dann mehrere Immobilientransaktionen in spektakulärem Ausmaß. Der Energiekonzern E.on verkaufte seine Immobiliensparte Viterra mit fast 150 000 Wohnungen an die Deutsche Annington. Der Bund stieß 117 000 Eisenbahnerwohnungen ab. Die Bundesversicherungsanstalt für Angestellte veräußerte 82 000 Gagfah-Wohnungen an Fortress. 65 000 Wohnungen der GSW gingen an ein Konsortium von Goldman Sachs und Cerberus. Bis zum Ausbruch der Finanzkrise wurden gut zwei Millionen Wohnungen an Finanzinvestoren verkauft, knapp die Hälfte davon durch die öffentliche Hand. (2), (4)

Seit dem Ausbruch der Finanzkrise ist eine Trendumkehr zu beobachten. Die Begeisterung habe stark nachgelassen, behauptet der Präsident des mittelständischen Bundesverbandes Freier Immobilien- und Wohnungsunternehmen (BFW), Walter Rasch. Ein Beleg ist der Börsengang der GSW, bei dem sich die Eigentümer Goldman Sachs und Cerberus von einem Teil ihrer Bestände getrennt haben. (2)

Fallbeispiele

Von den großen Wohnungskonzernen haftet vor allem der Gagfah ein negatives Image an. Bei Mietervereinen gilt das börsennotierte Unternehmen inzwischen als Sinnbild für Schimmelwohnungen. In Solingen stürzte zuletzt ein Fahrstuhl mit zwei Kindern ab. Handfesten Ärger gibt es vor allem in Dresden, wo die Stadt die Gagfah auf Rückzahlung von 1,06 Milliarden Euro verklagt, weil diese beim Verkauf der städtischen Wohnungsbaugesellschaft vereinbarte Mieterschutzbestimmungen verletzt haben soll. Darüber hinaus ist die Gagfah in den Verdacht des Insider-Handels geraten. (2), (3), (6)

Das negative Image der Gagfah macht sich inzwischen auch im operativen Geschäft bemerkbar. Zwar gelang es, die jährlichen Verwaltungskosten pro Wohnung seit 2005 von 555 auf 374 Euro zu drücken, gleichwohl aber laufen der Gagfah die Mieter davon, der Wohnungsleerstand ist seit 2008 von 3,9 auf 5,2 Prozent gestiegen. (4)

Lange Zeit galt die Gagfah, die in der Langversion "Gemeinnützige Aktien-Gesellschaft für Angestellten-Heimstätten" heißt, als vorbildlicher Vermieter. Gegründet wurde sie 1918, nach dem Zweiten Weltkrieg gehörte sie der Bundesversicherungsanstalt für Angestellte (BfA), also der Trägerin der gesetzlichen Rentenversicherung. Unter der Kohl-Regierung gab es erste Überlegungen, die Wohnungsbestände zu verkaufen, um mit frischem Geld die Rente zu sichern. Dies geschah schließlich unter der rot-grünen Regierung. 3,5 Milliarden Euro zahlte Fortress für zunächst 80 000 Wohnungen. Gegenwärtig ist die Gagfah mit 160 000 Einheiten zweitgrößter Wohnungskonzern in Deutschland. (3)

Größter Wohnungskonzern mit fast 220 000 Einheiten ist die Deutsche Annington. 2005 hatte der britische Invesor Guy Hands über seine Terra Firma die Wohnungen von E.on übernommen. Der Kaufpreis betrug sieben Milliarden Euro. Auch bei der Deutschen Annington liefen zuletzt die Mieter Sturm, als Hunderte Mitarbeiter entlassen wurden und die Mieter sich stattdessen an ein einziges Callcenter wenden mussten. Offenbar ist der Versuch fehlgeschlagen, der Hausmeister soll wieder in die Annington-Häuser zurückkehren. (4)

Mit der Bewirtschaftung der Bestände zeigt man sich bei der Deutschen Annington aber zufrieden. 2010 fuhr man hier ein deutliches Plus ein. In zwei Jahren soll das Unternehmen an die Börse gehen. Bis dahin sind noch 4,8 Milliarden Euro Schulden zu refinanzieren. Dies könnte noch zu einem Problem für die Annington werden. (7)

Bei der Berliner GSW, dem mit 48 800 Wohnungen

drittgrößten deutschen Wohnungskonzern, haben die Eigentümer Goldman Sachs und Cerberus einen Teilausstieg hingelegt. Beim Börsengang im April hat man insgesamt 468 Millionen Euro eingesammelt. Davon verblieb jedoch nur ein geringer Teil im Unternehmen. 353 Millionen Euro gingen an die beiden Eigentümer. Diese hatten den Konzern vor sieben Jahren für 400 Millionen Euro von der Stadt Berlin gekauft. Für die Investoren war GSW bislang ein lukratives Geschäft: Neben den Einnahmen aus dem Börsengang haben Cerberus und Goldman in den vergangen Jahren eine Dividende von 440 Millionen Euro eingestrichen. Außerdem halten sie weiterhin rund 40 Prozent der GSW-Aktien. (8)

Weiterführende Literatur

(1) Mit Private Equity für den Aufschwung gerüstet
Als Eigenkapitalpartner in der Region fest etabliert
aus Die SparkassenZeitung, 13.05.2011, Nr. 19, S. 14

(2) Heuschrecken ist der Appetit vergangen
aus Darmstädter Echo, 16.04.2011

(3) Raubbau - Die Akte Gagfah
aus Hamburger Abendblatt, 19.04.2011, Nr. 92, S. 12

(4) Risse im Bad, Schimmel am Balkon
aus Frankfurter Allgemeine Sonntagszeitung, 05.06.2011, Nr. 22, S. 39

(5) Grohe investiert und wächst
aus Kölner Stadtanzeiger, 07.06.2011

(6) Dresden zieht gegen Gagfah vor Gericht
aus Der Neue Kämmerer vom 13.05.2011, Nr. 2, S. 14

(7) Erst Refinanzierung, dann Börse
aus Immobilien Zeitung Nr. 17 vom 28.04.2011 Seite 3

(8) Wohnkonzern GSW stolpert aufs Parkett Aktie wird mit einem Preis von 19 Euro ausgegeben
aus Financial Times Deutschland vom 15.04.2011, Seite 21

Impressum

Private Equity - Wohnkonzerne in den Fängen von "Heuschrecken"

Bibliografische Information der deutschen Nationalbibliothek

Die Deutsche Nationalbibliothek verzeichnet diese Publikation in der deutschen Nationalbibliografie; detaillierte bibliografische Daten sind im Internet über http://dnb.d-nb.de abrufbar.

ISBN: 978-3-7379-0633-3

© 2015 GBI-Genios Deutsche Wirtschaftsdatenbank GmbH, Freischützstraße 96, 81927 München, www.genios.de

Alle Rechte vorbehalten. Dieses Werk ist einschließlich aller seiner Teile – z.B. Texte, Tabellen und Grafiken - urheberrechtlich geschützt. Jede Verwertung außerhalb der Grenzen des Urheberrechtsgesetzes bedarf der vorherigen Zustimmung des Verlags. Dies gilt insbesondere auch für auszugsweise Nachdrucke, fotomechanische Vervielfältigungen (Fotokopie/Mikroskopie), Übersetzungen, Auswertungen durch Datenbanken oder ähnliche Einrichtungen und die Einspeicherung und Verarbeitung in elektronischen Systemen.